水經卷第二十一

漢桑欽撰　後魏酈道元注

汝水

汝水出河南梁縣勉鄉西天息山

地理志曰出高陵山即猛山也亦言出南陽魯陽縣之大孟山又言出弘農盧氏縣還歸山博物志曰汝出燕泉山並異名也余以永平中蒙除魯陽太守會上臺下列山川圖以方誌參差遂令尋其源流此等既非學徒難以取悉既在遊見不容不述今汝水西出魯陽縣之大孟山黃柏谷巖鄣深高山岫邃密石徑崎嶇人跡裁交西即盧氏界也其水東北流逕太和城西又東流逕其城北左右深松列植筠栢交蔭尹公度之所栖神處也又東

屈堯山西嶺下水流兩分一水東逕堯山南為滍水也即經所言滍水出堯山矣一水東北出為汝水歷蒙栢谷左右岫壑爭深山阜競高夾水層松茂栢傾山蔭渚故世人以名也津流不已北歷長白沙口狐白溪水注之夾岸沙漲若雪因以取名其水南山狐白川北流注汝水又東北趣狼皐山者也

東南過其縣北

汝水自狼皐山東出峽謂之汝阨也東歷麻解城北故鄤鄉城也謂之蠻中左傳所謂單浮餘圍蠻氏蠻氏潰者也杜預曰城在河南新城縣之東南

伊洛之戎陸渾蠻氏城也俗以爲麻解城非也蓋蠻麻讀聲近故也汝水又逕周平城南京相璠曰霍陽山在周平城東南者也汝水又東與三屯谷水合水出南山北流逕石碣東柱側刊云河南界又有一碣題言洛陽南界碑柱相對既無年月竟不知何代所表也其水又北流注于汝水汝水又東與廣成澤水合水出狼皐山北澤中安帝永初元年以廣成遊獵地假與貧民元初二年鄧太后臨朝鄧騭兄弟輔政世士以爲文德可興武功宜廢寢蒐狩之禮息戰陣之法于時馬融以文武之道聖賢不墜五才之用無或可廢作廣成頌云大漢之初基也揆厥靈囿營于南郊右矕三塗左枕嵩嶽面據衡陰箕背王屋浸以波溠演以滎洛金山石林殷起乎其中神泉側出丹水涅池怪石浮磬燿焜于其陂桓帝延熹元年校獵廣成遂幸函谷關其水自澤東南流逕温泉南與温泉水合温水殷源揚波於川左泉上華宇連蔭茨甍交池石沼錯落其間順道者多歸之其水東南流注廣成澤水澤水又東南入于汝水汝水又東得魯公水口水上承陽人城東魯公陂城古梁之陽人聚也秦滅東周徙其君於此陂水東南流合乎澗水水出北山南流注之又亂流注于汝水汝之右有霍陽聚汝水逕其北東合霍陽山水水出南山杜預曰河南梁縣有靈山者也其水東北流逕霍陽

聚東世謂之華浮城非也春秋左傳哀公四年楚
侵梁及霍服虔曰梁霍周南鄙也建武二年世祖
遣征虜將軍祭遵攻蠻中山賊張滿時厭新栢華
餘賊合攻得霍陽聚即此水又逕梁城西按春秋
周小邑也於戰國爲南梁矣故經云汝水逕其縣
北俗謂之治城也非以北有注城故也今置治城
縣治霍陽山水又東北流注于汝水汝水又右合
三里水水北出梁縣西北而東南流逕其縣故城
西故單孤聚也地理志云秦滅西周從其君於此
因乃縣之杜預曰河南縣西南有梁城即是縣也
水又東南逕注城南司馬彪曰河南梁縣有注城
史記魏文侯三十二年敗秦于注者也又與一水

合水發注城東坂下東南流注三里水三里水又
亂流入于汝汝水又東逕城安縣故城北按地理
志潁川郡有成安縣侯國也史記建元以來功臣
侯者年表曰漢武帝元朔五年校尉韓千秋擊南
城死封其子韓延年爲成安侯即此邑矣世謂之
白泉城非也俗謬耳汝水又東爲周公渡藉承休
之徽號而有周公之嘉稱也汝水又東黄水注之
水出梁山東南逕周承休縣故城東爲承休水縣
故子南國也漢武帝元鼎四年幸潁陽巡省豫州
觀于周室邈而無祀詢問耆老乃得孽子嘉封爲
周子南君以奉周祀按汲冢古文謂衛將軍文子
爲子南彌牟其後有子南勁紀年勁期于魏後惠

成王如衛命子南爲侯秦并六國衛最後滅疑嘉
是衛後故氏子南而稱君也初元五年爲周承休
邑地理志曰侯國也元帝置元始二年更曰鄭公
王莽之嘉美也故汝渡有周公之名蓋籍邑以納
稱也謂之黃城水曰黃水皆非也其水又東南逕
白茅臺東又南逕梁瞿鄉西世謂之期城非也按
漢書世祖自潁川在梁瞿鄉馮魴先詣行所即是
邑也水積爲陂世謂之黃陂東轉逕其城南東流
右合汝水

又東南過潁川郟縣南

汝水又東與張磨泉合水發北阜春夏水盛則南
注汝水汝水又東分爲西長湖湖水南北五十餘

步東西三百步汝水又東扈㵎水北出大劉山南
逕水蓼堆東郟城西南流入于汝汝水又右迤爲
湖湖水南北八九十步東西四五百步俗謂之東
長湖湖水下入汝古養水也水出魯陽縣北將孤
山北長岡下數泉俱發東歷永仁三堆南又東逕
沙川世謂之沙水歷山符壘北又東逕沙亭南故
養陰里也司馬彪郡國志曰襄城有養陰里京相
璠曰在襄城郟縣西南養水名也俗以是水爲沙
水故亦名之爲沙城非也又城處水之陽而以陰
爲稱更用惑焉但流雜閒居裂溉平移致令川渠
異容津途狀改故物望疑焉又右會董滯水水出
沛公壘西六十許步蓋漢祖入關往征是由故地

擅斯目矣其水東北注養養水又東北入東長迪
湖亂注汝水縣汝水又逕郟縣故城南春秋昭公
十九年楚令尹子瑕之所城也㶏水注之水出魯
陽縣之將孤山東南流許慎云水出南魯陽入父
城從水敖聲呂忱字林亦言在魯陽㶏水東入父
城縣與栢水會栢水出魯陽北山水有二源奇導
於賈復城合爲一瀆逕賈復城北復南擊郾所築
也俗語訛謬謂之寡婦城水曰寡婦水北瀆水有
窮通故有枯渠之稱焉其水東北流至父城縣北
右注㶏水亂流又東北至郟入汝汝水東南左合
藍水水出陽翟縣重嶺山東南流逕紀氏城西有
增臺記紀氏臺續漢書曰世祖車駕西征盜賊羣

起郟令馮魴爲賊延裒所坎力屈上諸紀氏羣賊
自降即是處在郟城東北十餘里其水又東南流
逕黃阜東而南入汝水汝水又東南流又與白溝
水合水出亭城西而南逕夏亭城西又南逕龍城
西城西北即摩陂也縱廣可一十五里魏青龍元
年有龍見于郟之摩陂明帝幸陂觀龍於是改摩
陂曰龍陂其城曰龍城其水又南入于汝水又東
南與龍山水會水出龍山龍溪北流際父城縣故
城東昔楚平王大城城父以居太子建故杜預曰
即襄城之城父縣也馮異據之以降世祖用報巾
車之恩也其水又東北流與二水合俱出龍山北
流注之又東北入于汝水汝水又東南逕襄城縣

故城南王隱晉書地道記曰楚靈王築劉向說苑曰襄城君始封之日服翠衣帶玉佩徙倚於流水之上即是水也楚大夫莊辛所說處後乃縣之呂后元年立孝惠後宮子弘爲侯國王莽更名相成也黃帝嘗遇牧童於其野故嵇叔夜讚曰奇矣難測襄城小童倦遊六合來憇兹邦也其城南對汜城周襄王出鄭居汜即是地城也春秋襄公二十六年楚伐鄭涉汜而歸杜預曰涉汝水於汜城下也今置闕於其下汝水又東南流逕西不羹城南也晉襄城郡治京相璠曰周襄王居之故曰襄城春秋左傳昭公十二年楚靈王曰昔諸侯遠我而畏晉今我大城陳蔡不羹賦皆千乘諸侯其畏我乎東觀漢記曰車騎馬防以前參藥勤勞省闥增封侯國襄城羹亭千二百五十戸即北亭也汝水

又東南逕繁丘城南而東南出也

又東南過定陵縣北

湛水出犨縣北魚齒山西北東南流歷魚齒山下爲湛浦方五十餘步春秋襄公十六年晉伐楚報楊梁之役楚公子格及晉師戰于湛阪楚師敗績遂侵方城之外今水北悉枕翼山阜於父城東南湛水之北山有長阪蓋即湛水以名阪故有湛阪之名也湛水又東南逕蒲城北京相璠曰昆陽縣北有蒲城蒲城北有湛水者是也湛水又東於汝水九曲北東入汝杜預亦以是水爲湛水矣周禮

荆州其浸潁湛鄭玄云未聞蓋偶有不照也今考地則不乖其土言水則有符經文矣汝水又東南逕定陵縣故城北漢成帝元延三年封侍中衛尉淳于長爲侯國王莽更之定城矣東觀漢記曰光武擊王莽二公還到汝水上於涯以手飲水澡頮塵垢謂傅後曰今日疲倦諸君寧憊也即是水也水右則滍水左入焉左則百尺溝出矣溝水夾岸層崇亦謂之爲百尺堤也自定陵城北通潁水於襄城縣潁盛則南播汝佚則北注稱之東有澄潭號曰龍淵在汝北四里許南北百步東西二百步水至清深嘗不耗竭佳饒魚筍湖溢則東注澍水矣汝水又東南昆水注之水出魯陽縣唐山東南

流逕昆陽縣故城西更始元年王莽徵天下能爲兵法者選練武衛招募猛士旌旗輜重千里不絕又驅諸猛獸虎豹犀象之屬以助威武自秦漢出師之盛未嘗有也世祖以數千兵徼之陽關諸將見尋邑兵盛反走入昆陽世祖乃使成國上公王鳳廷尉大將軍王常留守夜與十三騎出城南門收兵於郾尋邑圍城數千重雲車十餘丈瞰臨城積弩亂發矢下如雨城中人負戶而汲王鳳請降不許世祖帥營部俱進頻破之乘勝以敢死三千人徑衝尋邑兵敗其中堅於是水之上遂殺王尋城中亦鼓譟而出中外合勢震呼動天地會大雷風屋瓦皆飛莽兵大潰昆水又屈逕其城南世祖

建武中封侍中傳俊爲侯國故後漢郡國志有昆陽縣蓋藉水以氏縣也昆水又東逕定陵城南又東注汝水汝水又東南逕奇雒城西北今南潁川郡治也濆水出焉世亦謂之大濦水爾雅曰河有雍汝有濆然則濆者汝別也故其下夾水之邑猶流汝陽之名是或濆濦之聲相近矣亦或下合濦潁兼統厥稱耳

又東南過郾縣北

汝水逕奇領城西東南流其城衿帶兩水側背雙流汝又東南流逕郾城西東南流其城衿帶兩水縣故城北故魏下邑也史記楚昭陽伐魏取郾是也汝水又東得醴口水水出南陽雉山亦云導源雉衡山即山海經云衡山也郭景純以爲南嶽非也馬融廣成頌曰面據衡陰指謂是山在雉縣界故世謂之雉衡山依山海經不言有水焉然醴水東流歷唐山下即高鳳所隱之山也醴水又東南與皐水合水發皐山郭景純或作章山東流注于醴水醴水又東南逕唐城北南入城而西流出城城蓋因山以即稱矣醴水又屈而東南流逕葉縣故城北春秋昭公十五年許遷于葉者也楚盛周衰控霸南土欲爭強中國多築列城於北方以逼華夏故號此城爲萬城或作方字唐勒奏土論曰我是楚也世霸南土自越以至葉垂弘境萬里故號曰萬城也余按春秋屈完之在邵陵對齊侯曰

楚國方城以爲城杜預曰方城山名也在葉南未
詳孰是楚惠王以封諸梁子號曰葉公城即子高
之故邑也葉公好龍神龍下之河東王喬之爲葉
令也每月望常自詣堂朝帝恠其來數而不見車
騎顯宗密令太史何望之言其臨至輒有雙鳧從
東南飛來於是候鳧至舉羅張之但得一隻舄乃
詔尚方診視則四年中所賜尚書官屬履也每當
朝時葉門下鼓不擊自鳴聞於京師後天下玉棺
於堂前吏民推排終不揺動喬曰天帝獨欲召我
耶乃沐浴服飾寢其中蓋使立覆宿昔葬於城東
土自成墳其夕縣中牛皆流汗喘乏而人無知者
百姓爲立廟號葉君祠牧守每班録皆先謁拜之

吏民祈禱無不如應若有違犯亦立能爲祟帝乃
迎取其鼓置都亭下略無復聲焉或云即古仙人
王喬也是以于氏書之於神化醴水又逕其城東
與燒車水合水西出苦菜山東流側葉城南而下
注醴水醴水又東逕葉公廟此廟前有公子高諸
梁碑舊秦漢之世廟道有雙闕几筵黄中之亂殘
毀頌闕魏大和景初中令長脩飾舊宇後長汝南
陳晞以正始元年立碑碑字破落遺文殆存事見
其碑醴水又東與葉西陂水會縣南有方城山屈
完所謂楚以方城以爲城者也山有湧泉北流畜
之以爲陂故塘方二里陂水散流又東逕葉城南
而東北注醴水醴水又東注葉陂陂東西十里南

北七里二陂並諸梁之所堨地陂水又東逕潕陽
縣故城北又東定陵城南東與芹溝合其水導源
葉縣東逕潕陽城北又東逕定陵縣南又東南流
注醴其水逕流昆醴之間纏絡四縣之中疑即呂
忱所謂涀水也今於定陵更無別水唯是水可當
之澧水東逕郾縣故城南左入汝山海經曰澧水
東流注于涀水也汝水又東南流逕鄧城西春秋
左傳桓公二年蔡侯鄭伯會于鄧者也汝水又東
南流潕水注之
又東南過汝南上蔡縣西
汝南郡楚之别也漢高帝四年置王莽改郡曰汝
濆縣故蔡國周武王尅殷封其弟叔度於蔡世本

曰上蔡也九江有下蔡故稱上竹書紀年曰魏章
率師及鄭師伐楚取上蔡者也建安元年安帝封
鄧騭為侯國汝水又東逕玄瓠城北王智深云汝
南太守周矜起義於玄瓠者是矣今豫州刺史汝
南郡治城之西北汝水枝別左出西北流又屈西
東轉又西南會汝形若埀瓠耆彥云城北名馬灣
中有地數頃上有栗園栗小殊不並固安之實也
然歲貢三百石以充天府水渚即栗州也樹木高
茂望若屯雲積氣矣林中有栗堂射埻甚閑敞牧
宰及英彥多所遊薄其城上西北隅高祖以太和
中幸懸瓠平南王肅起高聲於小城建層樓於隅
阿下際水湄降眾渚左右列榭四周參差競跱奇

爲嘉觀也

又東南過平輿縣南一作平輿

溱水出浮石嶺北青衣山亦謂之表衣水也東南逕朗陵縣縣故西應劭曰西南有朗陵山縣以氏馬世祖建武中封城門校尉城宮爲侯國也溱水又南屈逕其縣南又東北逕北宜春縣故城北王莽更名之爲宣孱也豫章有宜春故加此矣永元三年安帝封后父侍中閻暢爲侯國溱水又東北逕馬香城北又東北入汝汝水又東南逕平輿縣南安成縣故城北王莽更名至成也漢武帝元光六年封長沙定王子劉倉爲侯國矣汝水又東南汝水注之水首受愼水於慣陽縣故城南陂陂水兩分一水自陂北逕愼陽城四固城壍潁川荀淑遇縣人黃叔度於逆旅與語移日曰子吾師表也范曄論曰黃憲言論風旨無所傳文然士君子見之者靡不深服遠去疵吝將以道周性全無得而稱乎壍水又自瀆東北流注七陂一水自陂東北流積爲同陂陂水又東北又結而爲陂世謂之窖陂陂水上承愼陽縣北陂東北流積爲而土陂陂水又東爲窖陂陂水又東南流注壁陂陂水又東北爲太陂陂水又東入汝汝水又東南逕平陵亭北又東南逕陽遂鄉北汝水又東逕櫟亭北春秋之棘櫟也杜預曰汝陰新蔡縣東北有櫟亭今城在新蔡故城西北半淪水汝水城北又東南逕

新蔡縣故城南昔管蔡間王室故蔡叔而遷之其子胡能率德易行周公舉之爲魯卿士以見于王三命之以蔡中呂地也以奉叔度祀是爲蔡仲矣宋忠曰故名其地爲新蔡王莽所謂新遷者也世祖建武元年封吳國爲侯國汝南先賢傳曰新蔡鄭敬字次都爲郡功曹都尉高懿聽事前有槐樹白露類甘露者懿問掾屬皆言是甘露敬獨曰明府政未能致甘露但樹汁耳懿不悅託疾而去汝水又東南左會澺水水上承汝水別流於奇頟城東東南流爲練溝逕邵陂縣西東南流注至上蔡西岡北爲黄陵陂陂東流於上蔡岡東爲蔡塘又東逕平與縣故城南爲澺水縣舊沈國也有沈亭

春秋定公四年蔡滅沈以沈子嘉歸後以爲縣史記曰秦將李信攻平與敗之者也建武三十年世祖封銚統爲侯國于汝南郡治昔費長房爲市吏見王壺公懸壺郡市長房從之因而自遠同入此壺隱淪仙路骨謝懷靈無會而返雖能役使鬼神而終同物化城南里餘有神廟世謂之張明府祠水旱之不節則禱之廟前有圭碑文字紊碎不可復尋碑側有小石函按桂陽先賢畫讚臨武張熹字季智爲平與令時天下大旱熹躬雲不獲熹應乃積柴自焚主簿崇小史張化從熹焚焉矣火既燎天靈感應即澍雨此熹自焚處也澺水又東南左迤爲葛陂陂方數十里水物含靈多所苞育昔

費長房投杖於陂而龍變所在也又劾東海君於
是陂矣陂水東出爲鮦水俗謂之三丈陂亦曰三
嚴水水逕鮦陽縣故城南應劭曰縣在鮦水之陽
漢明帝永平中封衛尉陰興子慶爲侯國也縣有
葛陵城建武十五年更名封經侯銚丹爲侯國城
之東北有楚武王冢民謂之楚王瑟城城北祝社
里下土中得銅鼎銘曰楚武王是知武王隧也鮦
陂東注爲富水水積之處謂之皮塘津渠交絡枝
布川隰矣澺水自葛陂東南逕新蔡縣故城東而
東南流注于汝水又東南逕下桑里左迆爲横塘
陂又東爲北清陂者也汝水又東南逕壺丘城北
故陳也春秋左傳文公九年楚侵陳剋壺丘以其

服於晉是也汝水又東與清陂合水上承慎水於
慎陽縣之上慎陂右瀟北主馬城陂陂西有黃丘
亭陂水於東逕新息亭北又東爲綢陂陂水又東
逕新息縣結爲牆陂陂水又東逕遂鄉南東而爲
壁陂又東爲青陂陂東對大呂亭春秋外傳曰當
成周者南有荆蠻中呂姜姓矣蔡平侯始封也西
南有小呂亭故此稱大也側陂南有青陂廟前廟
有阪漢靈帝建寧三年新蔡長河南緱氏李言上
請修復青陂司徒臣訓尚書臣襲秦可洛陽宮於
青陂東塘南樹碑碑稱青陂在縣坤地源起桐栢
淮川別流入于潺湲逕新息牆坡衍入褒信界灌
溉五百餘頃陂水又東分爲二水一水南入淮一

水東南逕白亭北又東逕吳城南史記楚惠王二年子西召太子建之子勝於吳勝入居之故曰吳城也又東北屈逕壺丘東而北流注于汝水世謂之薄溪水汝水又東逕裒信縣故城北而東注矣

又東至原鹿縣

汝水又東南逕縣故城西杜預所釋地曰汝陰有原鹿縣也

南入于淮

所謂汝口側水有汝口戍淮汝之交會也

水經卷第二十一

水經卷第二十二

漢桑欽撰　　後魏酈道元注

潁水　洧水　潩水　潧水

潁水出潁川陽城縣西北少室山

秦始皇十七年滅韓以其地爲潁川郡蓋因水以著稱者也漢高帝二年以爲韓國王莽之左隊也山海經曰潁水出少室山地理志曰出陽城縣陽乾山今潁水有三源奇發右水出陽乾山之潁谷春秋潁考叔爲其封人其水東北流中水導源少室通阜東南流逕負黍亭東春秋定公六年鄭伐馮滑負黍者也馮敬通顯志賦曰求善卷之所在遇許由於負黍京相璠曰負黍在潁川陽城縣西

南二十七里世謂之黄城也亦或謂是水爲㵽水東與右水合左水出少室南溪東合潁水故作者乃舉二三言水所發也吕氏春秋曰卞隨恥受湯讓自投此水而死張顯逸民傳嵇叔夜高士傳並言投泂水而死未知其孰是也

又東南過其縣南

潁水又東五渡水注之其水導源崇高縣東北太室東溪縣漢武帝置以奉太室山俗謂之崧陽城及春夏雨泛水自山頂而迭相灌澍𡾰流相承爲二十八浦也湯旱輟津而石潭不耗道俗遊憇者惟得飡飲而已無敢澡盥其中苟不如法必數日不豫是以行者憚之山下大澤周數里而清深

潔水中有立石高十餘丈廣二十許步上甚平整緇素之士多泛舟昇陟取暢山情其水東流南陽城西石溜縈委溯者五涉故亦謂之五渡水東南流入潁水潁水逕其縣故城南昔舜禪禹禹避商均伯益避啓並於此也亦周公以土圭測日景處漢成帝永始元年封趙臨爲侯國也縣南對箕山山上有許由冢堯所封也故太史公曰余登箕山之上有許由墓焉山下有牽牛墟側潁水有犢泉是巢父還牛處也石上犢跡存焉又有許由廟碑闕尚存是漢潁川太守朱寵所立潁水逕其北東與龍淵水合其水導源龍淵東南流逕陽城北又東南入于潁潁水又東平洛溪水注之水發玉女

臺下平洛澗世謂之平洛水呂忱所謂汋水出陽城山蓋斯水也又東南流注于潁潁水又東出陽城關歷高東南魏明帝封尚書右僕射衛臻爲康鄉侯此既臻封邑也

又東南過陽翟縣北

潁水東南流逕陽關聚聚夾水相對俗謂之東西二土城也潁水又逕上棘城西又屈逕其城南春秋左傳襄公十八年楚師伐鄭城上棘以涉潁者也縣西有故堰堰石崩褫頹基尚存舊遏潁水枝流所出也其故瀆東南逕三封山北今無水渠中又有泉流出焉時人謂之嵎水東逕三封山東東南歷大陵西連山亦曰啓筮亭享神於大陵之上

即鈞臺也春秋左傳曰夏啓有鈞臺之饗是也杜預曰河南陽翟縣南有鈞臺其水又東南流水積爲陂陂方十里俗謂之臺蓋陂指鈞臺取名也又西南流逕夏亭城西又屈而東南爲郟之靡陂潁水自揭東逕陽翟縣故城北夏禹始封於此爲夏國故武王至周曰吾其有夏之居乎遂營洛邑徐廣曰河南陽城陽翟則夏地也春秋經書秋鄭伯突入于櫟左傳曰桓公十五年突殺檀伯而居之服虔曰檀伯鄭守櫟大夫櫟鄭之大都宋忠曰今陽翟也周末韓景侯自新鄭徙都之王隱曰翟本櫟也故潁川郡治也城西有郭奉孝碑側水有九山祠碑叢柏猶茂北枕川流也

又東南過潁陽縣西又東南過潁陰縣西南

應劭曰縣在潁水之陽故邑氏之按東觀漢記漢封車騎將軍馮防爲侯國防城門校尉位在九卿上絶席潁水又南逕潁鄉城西潁陰縣故城在東北舊許昌典農都尉治也後改爲縣魏明帝封侍中辛毗爲侯國也潁水又東南逕栢祠曲東歷罡臺臨水方百步袁術所築也汝水別溝又東逕西門城即南利也漢書宣帝封廣陵王厲子劉昌爲侯也縣北三十里有孰城號曰北利故瀆出於二利之間關女陽之縣世名之死汝縣取水名故汝陽也又東逕南頓縣故城又東南逕鮦陽城北又東逕邸鄉城北又東逕固始縣故城北地理志縣

故寖也寖丘在南故藉丘名縣矣王莽更名之曰治孫叔敖以土浸薄取而爲封故能綿嗣城北猶有叔敖碑建武二年司空李通又慕叔敖受邑故光武以嘉之更名固始別汝又東逕蔡岡北岡上有平陽侯相蔡昭冢昭字叔明周后稷之胄冢有石闕闕前有二碑碑字淪碎不可復識羊虎傾低殆存而已枝汝又東北流逕胡城南而東歷汝陰縣故城西北東入潁水潁水又東逕汝陰縣故城北史記高祖功臣侯者年表曰高祖六年封夏侯嬰爲侯國王莽更名之曰汝濆也縣在汝水之陰故以汝水納稱城西有一城故陶丘鄉也汝陰郡汝城外東北隅有舊臺翼城若丘俗謂之女郎臺雖經頹毀猶自廣崇上有一井疑故陶丘鄉所未詳

又東南至慎縣東南入于淮

潁水東南流左合上吳百尺二水俱承次塘細陂南流注于潁潁水又東南江陂水注之水受大漴兵城南故汾丘城也春秋左傳襄公十八年楚子庚治兵於汾司馬彪曰襄城縣有汾丘杜預曰在襄城縣之東北也逕繁昌故縣北曲蠡之繁陽亭也魏書國志曰文帝以漢獻帝延康元年行至曲蠡登禪于是地改元黃初其年以潁陰之繁陽亭爲繁昌縣城內有三臺時人謂之繁昌臺壇前有二碑昔魏文帝禪於此自壇而降曰舜禹之事吾

知之矣故其石銘曰遂於繁昌築靈壇也於後其碑六字生金論者以爲司馬金行故曹氏六世遷魏而事晉也潁水又東南流逕青陵亭城北北對青陵陂陂縱廣二十里潁水逕其北枝入爲陂陂西則[illegible]水注之水出襄城縣之邑城下東流注于陂陂水又東入臨潁縣之狼陂潁水又東南流而歷臨潁縣也

又東南過臨潁縣南又東南汝南濦強縣北洧水從河南密縣東流注之

臨潁舊縣也潁水自縣西小濦水出爾雅曰潁別爲沙郭景純曰皆大水溢出別爲小水之名也亦由注別爲沱也潁水又東南逕澤城北即古城皐亭矣春秋經書云又諸侯盟于皐鼬者也皐澤字相佀名與字乖耳潁水又東逕濦陽城南竹書紀年曰孫何取濦陽濦強城在東北潁水不得逕其北也潁水又東南潩水入焉非洧水也

又東過西華縣北

王莽更名之曰華望縣也有東故言西矣世祖光武皇帝建武中封鄧晨爲侯國漢濟北戴封字平仲爲西華令遇天旱慨治功無感乃積柴坐其上以自焚火起而大雨暴至遠近歎伏永元十三年徵太常也縣北有習陽城潁水逕其南也經所謂洧水流注之也

又南過汝陽縣北

縣故城南有汝水枝流故縣得厥稱矣闞駰曰本汝水別流其後枯竭號曰死汝水故其字無水余按汝女乃方俗之音故字隨讀改未必一如闞氏之說以窮通損字也潁水又東大㶏水注之又東南逕博陽縣城東城在南頓縣北四十里漢宣帝封邴吉爲侯國王莽更名樂嘉

又東南過南頓縣北㶏水從西來流注之

㶏水於樂嘉縣入潁不至於頓頓故頓子國也周之同姓春秋僖公二十五年楚伐陳納頓子于頓是也俗謂之潁陰城非也潁水又東南逕陳縣南

又東南左會交口者也

又東南至新陽縣北蒗蕩渠水從西北來注之

經云蒗蕩渠者百尺溝之別名也南合交口新溝自是東出潁上有堰謂之新陽堰俗謂之山陽堨非也新溝自潁北東出縣在水北故應劭曰縣在新水之陽今縣故城在東明潁水不出其北蓋經誤耳潁水自東堰南流逕項縣故城北春秋僖公十七年魯滅項是矣潁水又東右合谷水水上承平鄉諸陂東北逕南頓縣故城南側城東注春秋左傳所謂頓迫于陳而奔楚自頓徙南故曰南頓也今其城在頓南三十餘里又東逕項城中楚襄王所郭以爲別都都內西南小城項縣故城也舊潁州治谷水逕小城北又東逕刺史賈逵祠北王隱言祠在城北非也廟在小城東昔王淩爲宣王

司馬懿所執屆廟而嘆曰賈良道王淩魏之忠臣
唯汝有靈知之遂仰鴆而死廟前有碑碑石金生
于寶曰黃金可採爲晉中興之瑞谷水又東流出
城東注潁潁水東側潁有公路城袁術所築也故
世因以術字名城矣潁水又東逕監潁城北城臨
水闕南面又東逕雲陽二城間南北翼水並非所
具又東逕丘頭丘頭南枕水魏書國志曰宣王
軍次丘頭王淩面縛水次故號武丘矣潁水又東
南流於故城北細水注之水上承陽都陂水枝
分東南出爲細水東逕新陽縣故城北又東南逕
宋公縣故城北縣郪丘者也秦伐魏取郪丘謂是
邑矣漢成帝綏和元年詔封殷後於沛以存三統

平帝元始四年改曰宋公章帝建初四年徙邑於
此故號新郪爲宋公國也王莽之新延矣細水又
南逕細陽縣新溝注之新溝首受交口東北逕新
陽縣故城南漢高帝六年封呂清爲侯國王莽更
名曰新明也故應劭曰縣在新水之陽今無水故
渠舊道而已東入澤渚而散流入細細水又東南
逕細陽故城南王莽更之曰樂慶也世祖建武中
岑彭子遵爲侯國細水之東南積而爲陂謂之次
塘公私列裂以供田溉又東南流屈而西南入潁
地理志曰細水出細陽縣東南入潁潁水又東南
流逕胡城東故胡子國也春秋定公十五年楚滅
胡以胡子豹歸是也杜預釋地曰汝陰縣西地有

胡城也潁水又東南汝水枝津之水上承汝水別瀆於奇頟城東三十里世謂之大㶏水也東南逕召陵縣故城南春秋左傳僖公四年齊桓公師于召陵責楚貢不入即此處也城內有大井徑數丈水至清深闞駰曰召者高也其地丘墟井深數丈故以名焉又東南逕征羌縣故邵陵縣之安陵鄉安陵亭也世祖建武十一年以封中郎將來歙歙以征定西羌功故更名征羌也闞駰引戰國策以爲秦昭王欲易地謂此也汝水別瀆又東逕公路臺北陂陂水南流積爲江陂南逕慎城西側城南流入于潁潁水又逕慎縣故城南縣故楚邑白公所居以拒吳春秋左傳哀公十六年吳人伐慎白公敗之王莽之慎治也世祖建武中封劉賜爲侯

國潁水又東南逕蜩蟟郭東俗謂之鄭城矣又東南入于淮春秋昭公十二年楚子狩于州來次于潁尾蓋潁水之會淮也

洧水出河南密縣西南馬領山

水出山下亦言出潁川陽城山山在陽城縣之東北蓋馬領之統目焉清水東南流逕一故臺南俗謂之陽子臺又東逕馬領塢北在山上塢下泉流北注亦謂洧別源也而入于洧水洧水東注綏水會焉水出方山綏溪即山海經所謂浮戲之山也東南流逕漢弘農太守張伯雅墓塋四周壘石爲垣隅阿相降列於綏水之陰庚門表二石闕夾對

石獸於闕下冢前有石廟列植三碑碑云德字伯
雅河内密人也碑側對兩石人有數石柱及諸石
數矣舊引綏水南入塋城而爲池沼沼在丑地皆
蟾蠩吐水石湟承溜池之南又建石樓石廟前又
翼列諸獸但物謝時淪凋毀殆盡矣富而非義比
之浮雲況復此乎王孫士安斯爲達矣綏水又東
南流逕上郭亭南東南注洧洧水又東襄荷水注
之水出北山子節溪亦謂之子節水東南流于洧
洧水又東會瀝滴泉水出深溪之側泉流丈餘懸
水散注故世士以瀝滴稱南流入洧水也

又東南過其縣南

洧水又東流南與承雲二水合俱出承雲山二源

雙導東南流注于洧世謂之東西承雲水洧水又
東微水注之水出微山東北流入于洧洧水又東
逕密縣故城南春秋謂之新城左傳僖公六年會
諸侯伐鄭圍新密以鄭不時城也今縣城東門南
側有漢密令卓茂祠茂字子康南陽宛人温仁寬
雅恭而有禮人有認其馬者茂與之曰若非公馬
幸至丞相府歸我遂挽車而去後馬主得馬謝而
還之任漢黄門郎遷密令舉善而教口無惡言教
化大行道不拾遺蝗不入境百姓爲之立祠享祀
不輟矣洧水又左會璅泉水水出王亭西北流注
于洧水水又東南與馬關水合水出王亭下東北
流歷馬關謂之馬關水又東北注于洧洧水又東

合武定水水出北武定岡西南流又屈而東南流逕零鳥塢西側塢東南流塢側有水懸流赴壑一匹有餘直注澗下淪積成淵嬉遊者矚望奇爲佳觀俗人覩此水挂于塢側遂目之爲零鳥水東南流入于洧洧水又東與虎牘山水合水發南山虎牘溪東北流入洧洧水又東南赤澗水注之水出武定岡東南流逕皇臺岡下又歷岡東東南流注于洧洧水又東南流潧水注之洧水又東南逕鄶城南世本曰陸終娶于鬼方氏之妹謂之女潰是生六子孕三年啓其左脅三人出焉破其右脅三人出焉其四曰求言是爲之鄶鄶人者鄭是也鄭桓公問於史伯曰王室多難予安逃死乎史伯曰

號鄶公之民遷之可也鄭氏東遷遷號鄶獻十邑焉劉禎云鄶在豫州外方之北北鄰於鄶號焚之南左濟右洛居陽鄭兩水之間食溱洧焉徐廣曰鄶在密縣妘姓矣不得在外方之北也洧水又東逕陰坂北水有梁焉俗謂是濟爲參辰口左傳襄公九年晉伐鄭濟于陰阪次于陰口而還是也杜預曰陰坂洧津也服虔曰登南曰陰口者水口也參陰聲相近蓋傳呼之謬耳入晉居商參之分實沈之上鄭處辰火之野閼伯之地軍師所次故濟得其名也

又東過鄭縣南潧水從西北來注之

洧水又東逕新鄭故城中左傳襄公元年晉韓厥

荀偃帥諸侯伐鄭入其郛敗其徒兵於洧上是也竹書紀年晉文侯二年同惠王子多父伐鄶克之乃居鄭父之丘名之曰鄭是曰桓公皇甫士安帝王世紀云或言縣故有熊氏之墟黃帝之所都也鄭氏徙居之故曰新鄭矣城內有貴祠名曰章乘是也洧水又東爲洧淵水春秋傳曰龍鬬于時門之外洧淵則此潭也今洧水自鄭城西北入而東南流逕鄭城南城之南門內舊外蛇與內蛇鬬內蛇死六年大夫傅瑕殺鄭子入厲公自是微也水南有鄭莊公望母臺莊姜惡公寤生與段京居段不弟姜氏無訓莊公居夫人故城潁誓曰不及黃泉無相見也故城臺以望母用伸在心之思感考

叔之言忻人隧之賦洩洩之慈有嘉融融之孝得常矣洧水又東與黃水合經所謂潧水非也黃水出太山南黃泉東南流經華城西史伯謂鄭桓公曰華君之土也韋昭曰華國名矣史記秦昭王三十三年白起攻魏拔華陽走芒卯斬首十五萬司馬彪曰華陽亭名在密縣嵇叔夜常採藥於山澤學琴於古人即此亭也黃水東南流又與上水合水出兩塘中一源兩分泉流派別東爲七虎澗水西流即是水也其水西南流注於黃水黃即春秋之所謂黃崖也故杜預云苑陵縣西有黃水者也又東南流水側有二臺也謂之積粟臺臺東即二水之會也捕章山水注之水出東捕章山西流注

于黃水黃水又南至鄭城北東轉於城之東北與黃溝合水出捕章山東南流至鄭城東北入黃水黃水又東南逕龍淵泉東南七里溝水注之水出隟候亭東南平地東注又屈而南流逕升城東又其南歷燭城西卽鄭大夫燭之武邑也又南流注于浦水也

又東南過長社縣北

洧水東南流南濮北濮二水入焉洧水又東南與龍淵水合水出長社縣西北有故溝上承洧水水盛則通注龍淵水減則律渠輟流其瀆中濮泉南注東轉爲淵淥水平潭清潔澄深俯視游魚類若乘空矣所謂淵無潛鱗也又東逕長社縣故城北

鄭之長葛邑也春秋隱公五年宋人伐鄭圍長葛是也後社樹暴長故曰長社魏潁川郡治也余以景明中出宰茲郡於南城西側修立客館版築旣興於土下得一樹根甚壯大疑是故社怪長暴茂者也稽之故說縣無龍淵水名蓋出近世矣京相璠春秋土地名曰長社北界有稟水但是水導於隍塹之中非北界之所謂又按京社地名並云長社縣北有長葛鄉斯乃縣徙于南矣然則是水卽稟水也其水又東南逕棘城北左傳所謂楚子伐鄭救齊次于棘澤者也稟水又東左注洧水洧水又東南分爲二水也其枝水東北流注沙一水東逕許昌縣故許南國也姜姓四岳之後矣穆天子

傳所謂天子見許男于洧上者也漢章帝建初四年更封馬光爲侯國春秋助期曰漢以許昌失天下及魏承漢歷遂改名許昌也城內有景福殿基魏明帝太和中造准價八百餘萬洧水又東入汶倉城內俗以是水爲汶水故有汶倉之名非也蓋洧水之邸閣耳洧水又東逕隱陵縣故城南李奇曰六國爲安陵也昔秦求易地唐且受使於此漢高帝十二年封都尉朱濞爲侯國王莽更名左亭洧水又東隱陵陂水注之水出隱陵南陂東西南流注于洧水也

又東南過新汲縣東北

洧水自隱陵東逕桐丘南俗謂之天井陵又曰岡非也洧水又屈而南流流水上有梁謂之桐門橋籍桐丘以取稱亦言取桐門亭而目焉然不知亭之所在未之詳也洧水又東南逕桐丘城春秋左傳莊公二十八年楚伐鄭鄭人將奔桐丘即此城也杜預春秋釋地曰潁川許昌城東北京相璠曰鄭地也今圖無而城見存西南去許昌故城可三十五里俗名之曰堤其城南即長堤因洧水之北防也西面桐丘其城邪長而不方蓋憑丘之稱即城之名矣洧水又東逕新汲縣故城北漢宣帝神雀二年置於許之汲鄉曲洧城以河內有汲縣故加新也漢宣帝建初四年封執金吾馬光爲侯國城在洧水南堤上又東洧水右迤爲濩陂洧水又

逕巨城南扶溝之巨亭也又東洧水左迤爲鴨子陂也謂之大穴口也

又東南過茅城邑之東北

洧水自穴口東南逕洧陽城西南逕茅城東北又南左合庚溝溝水上承洧水於大穴口東北枝分東逕洧陽故城南俗謂之復陽城非也蓋洧復字類音讀變漢建安中封司空祭酒郭奉孝爲侯國其水又東南爲鴨子陂陂廣一十五里餘波南入甲庚溝西注又東北瀉沙洧水又南逕一故城西世謂之思鄉城西去洧十五里洧水又右合濩陂水上承洧水新波縣南逕新汲故城東又南積而爲陂陂之西北即長舍城陂水東翼洧堤西面茅

邑自城北門列築昆道迄於此岡世尚謂之茅岡即經所謂茅邑地也陂水北出東入洧津西納北異流

又東過習陽城西折入于潁

洧水又東南[illegible]亭東俗謂之田城非也蓋田辰聲相近城亭[illegible]墟故也經書魯宣公十一年楚子陳侯鄭伯盟[illegible]辰陵也京相璠曰潁川長平有故辰亭杜預曰長平縣東南有辰亭今此城在長平城西北長平城在東南或杜氏之謬傳書之誤耳長平東南淋陂北畔有一阜東西減里南北五十許步俗謂之新亭臺又疑是杜氏所謂辰亭而未之詳也洧水又南逕長平縣故城西王莽之長

正也洧水又南分爲二水枝水東出謂之五梁溝逕習陽城北又東逕赭丘南丘上有故城郡國志曰長平故屬汝南縣有赭丘城即此城也又東逕長平城南東注澇陂洧水南出謂之雞籠水故水會有籠口之名矣洧水又東逕習陽城西西南折入潁地理志曰洧水東南至長平縣入潁者也

潩水出河南密縣大騩山

大騩即具茨山也黃帝登具茨之山升於洪堤上受神芝圖於黃蓋童子即是山也溪水出其阿而流爲陂俗謂之玉女池東逕陘山北史記魏襄王六年敗楚於陘山者也山上有鄭祭仲冢冢西有子産墓累石爲方墳墳東有廟並東北向鄭城杜

元凱言不忘本際廟舊有一枯栢樹其塵根故株之上多生雉栢列秀青青望之奇可嘉矣潩水又東南逕長社城西北南濮北濮二水出焉劉澄之著永初記云水經濮水源出大騩山東北流注泗衞靈聞音於水上殊爲乖矣余按水經爲潩水不爲濮也是水首受溪水川渠雙引俱東注有洧與之過沙枝流脈亂牙得通稱是以春秋昭公九年遷城父人於陳以夷濮西田益之京相璠云以夷之濮西田益也杜預亦言以夷田在濮水西者與城父人服虔曰濮水名也且字類音同津瀾邈別不得爲北濮上源師氏傳音於其上矣潩水又南逕鍾亭西又南逕皇亭又東南逕關亭西又

東南逕宛亭西鄭大夫宛射犬之故邑也潩水又南分二水一水南出逕胡城東故潁陰縣之狐人亭也其水南結爲陂謂之胡城陂潩水自枝渠東逕曲强東皇陂水注之水出西北皇臺七女岡北皇陂卽古長社縣之濁澤也史記魏惠王元年韓懿侯與趙成侯合軍伐魏戰於濁澤是也其陂水北對雞鳴城卽是社縣之濁城也陂水東南流逕胡泉城北故潁陰縣之狐宗鄉也又東合狐城陂水水上承陂水而東南流注于黃水謂之合作口而東逕曲强城北東流入潩水時人謂之勑水非也勑潩音相類故字從聲變耳渭水又東逕武亭間兩城相對疑是古之岑門史遷所謂走犀首于

岑門者也徐廣曰潁陰有岑亭未知是否潩水又南逕射犬城東卽鄭公孫射犬城也蓋俗謬耳潩水又南逕潁陰縣故西魏明帝封司空陳羣爲侯國俱水城西又東逕許昌城南又東南與宣帝陂水合陂上承狼陂於潁陰城西南陂南北二十里東西十里春秋左傳曰楚子伐鄭師于狼是也其水東南入許昌縣逕臣陵城北鄭地也春秋左氏傳莊公十四年鄭厲公獲傳瑕於大陵京相璠曰潁川臨潁縣東北二十五里有故臣陵亭古大陵也其水又東積而爲陂謂之宣梁陂也陂水又東南入潩水潩水又西南流逕陶城西又東南逕陶陂東

東南入于潁潧水出鄭縣西北平地

鄶水出鄶城北西雞絡塢下東南流逕賈復城西東南流左右濊水水出賈復城東南流注于潧潧水又南左會承雲山水水出西北承雲山東南歷渾于江東注世謂岡峡爲五鳴口東南流注于潧潧水又東南流歷下田川逕鄶城西謂之爲栁泉水也故史伯荅桓公曰君以成周之衆奉辭伐罪若剋虢鄶君之土也如前莘後河右洛左濟王丕騩而食潧洧循典刑以守之可以少固卽謂此矣潧水又南懸流莽鋻崩注丈餘其下積水成潭廣四十許步淵深難測又南注于洧詩所謂溱與洧者也世所謂之爲鄶水也

東過其縣北又東南過其縣東又南入于洧水

自鄶潧東南更無別瀆不得逕新鄭而會洧也鄭城東入洧者黃崖水也蓋經誤證耳

渠出滎陽北河東南過中牟縣之北

風俗通曰渠者水所居也渠水自河與泲亂流東滎澤北東南分泲歷中牟縣之圃田澤北與陽武分水澤多麻黃草故述征記曰踐縣境便覩斯卉窮則知踰界今雖不能然諒亦非謬詩所謂東有圃艸也皇武子曰鄭之有原圃猶秦之有具圃澤在中牟縣西西限長城東極官渡北佩渠水東西四十許里南北二百許里中有沙岡上下二十四浦津津流逕通淵潭相接各有名焉有大斬小斬

大灰小灰義魯練秋大[illegible]楊散咻禹中牟
圃大鵠龍澤邑罷大哀小哀大長小長大縮小縮
伯丘大蓋牛眠等浦水盛則北注渠溢則南播故
竹書紀年梁惠成王十年入河水于甫田又爲大
溝而引甫水者也又有一瀆自酸棗受河道自漢
瀆歷酸棗逕陽武縣南出世謂之十字溝而屬於
渠或謂是瀆爲渠惠之年所開而不能詳也斯甫
乃水澤之所鍾爲鄭隰之淵藪矣渠又右合五池
溝上承澤水中流渠謂之五也口魏嘉平二年司
馬懿帥中軍討大尉王夌於壽春自彼而還帝使
侍中韋誕勞軍于五池者也今其地爲五池鄉矣
渠又東不家溝水注之出京縣東南梅山北溪春

秋襄公十八年蔿子馮公子格率銳師侵費右迴
梅山杜預曰在密東北即是山也其水自溪東北
流逕管城西故管國也周武以封管叔矣成王幼
弱周公攝政管叔流言曰公將不利於孺子公賦
鴟鴞以伐之即東山之詩是也左傳宣公十二年
晉師救鄭楚次管以待之杜預曰京縣東北有管
城者是也俗又爲之爲管水東北分爲二水一水
東北流注黃雀溝謂之黃淵淵周一百步其一水
東越長城東北流水積爲淵南北二里東西百步
謂之百尺水北入圃田澤分爲二水一水東北逕
東武強城北漢書曹參傳斬擊羽嬰於昆陽追至
業還攻武強因至滎陽薛瓚云按武強城左陽武

縣卽斯城也漢高帝六年封騎將莊不識爲侯國又東北流左注于渠爲不家水口也一水東流又屈而南轉東南注白溝也渠又東清池水注之清池水出清陽亭西南平地東北流逕清陽亭南東流卽故清人城也詩所謂清人在彭彭爲高尅邑也故杜預春秋釋地云中牟縣西有清陽亭是也清水又屈而北流至清口澤七虎澗水注之水出畢城南岡一派兩泒津川趣別西入黃雀溝東爲七虎溪亦謂之爲華水也又東北流紫光溝水注之水出華陽城東北而東流俗名曰紫光澗又東北注華水華水又東逕棐城北卽北林亭也春秋文公與鄭伯宴于棐林子家賦鴻鴈者也春秋宣

公元年諸侯會于棐林以伐鄭楚救鄭遇於北林服虔曰北林鄭南地也京相璠曰今滎陽苑陵縣有故林鄉在新鄭北故曰北林也余按林鄉故城在新鄭北東如北七十許里苑故城東南五十許里不得在新鄭北也考京服之說並爲疎矣杜預云滎陽中牟縣西南有林亭在鄭北今是亭南去新鄭故城四十許里蓋以南有林鄉亭故杜預據是爲北林最爲密矣又以林鄉爲棐亦或疑焉諸侯會棐楚遇于此寧得知不在是而更指他處也積古之傳事或不謬矣又東北逕鹿臺南岡北出爲七虎澗東流期水注之水出期城西南平地世號龍淵水東北流又北逕期地西又北與七虎澗

合謂之虎谿水亂流不注逕期城北東會清口水司馬彪郡國志曰中牟有清口水卽是水也清水又東北白溝水注之水有二源北水出密之梅山東南而東逕靖城南與南水合水南出合太山西北流至靖城南左注北水卽承水也山海經曰承水出太山之陰東北流注于役水者也世所謂之靖澗水也又東北流太水注之水出太山東平地山海經曰太水出于太山之陽而東南流注于役水世謂之禮水也東北逕武陵城西東北流注于承水又東北入黃瓮澗北逕中陽城西城內有舊臺甚秀臺側有陂池池水清深澗水又東屈逕其城北竹書紀年梁惠成王十七年鄭釐侯來朝中陽者也其水東北流爲白溝又北東逕伯禽城北蓋伯禽之魯往逕所由也屈而南流東渚于清水卽潘岳都碑所謂自中牟故縣以西西至于清溝指是水也亂流東逕中牟宰魯恭祠南漢和帝時右扶風魯恭字仲康以太尉掾遷中牟令政專德化不任刑罰吏民敬信蝗不入境河南伊袁安疑不實使部掾肥親按行之恭隨親行阡陌坐桑對下雉止其傍有小兒親曰兒何不擊雉曰將雛親起曰蟲不入境一異化及鳥獸二異豎子懷仁三異久留非優賢請還是年嘉禾生縣庭安美其治以狀上之徵博士侍中車駕每出恭常陪乘上顧問民政無所隱諱故能遺愛自古祠饗來今矣清

溝水又東北逕沘清疑即博浪亭也服虔曰博浪陽武二水沙名也今有亭所未詳也歷博浪澤昔張良爲韓報仇於秦以金椎擊秦始皇不中中其副車於此又北分於二水枝津東注役水清水自枝流北注渠謂之清溝口渠又左逕陽武縣故城南東爲官渡水又逕曹太祖壘北有高臺謂之官渡臺渡在中牟故世又謂中牟臺建安五年太祖營官渡袁紹保陽武紹連營稍前依沙堆爲屯東西數十里公亦分營相禦合戰不利紹進臨官渡起土山地道以逼壘公亦起高臺以捍之即中牟臺也今臺北土山猶在山之東悉紹舊營遺臺並存水又東逕田豐祠北袁本初慙不納其言害之時人嘉其誠謀無辜見戮故立祠於是用表袁氏覆滅之宜矣又東役水注之水出苑陵縣西隟候亭東世謂此亭爲却城非也蓋隟却聲相近耳中平陂世名之埿泉也即古役水矣山海經曰役山役水所出北流注于河疑是水也東北流逕苑陵縣故城北東流北逕焦城東陽丘亭西也謂之焦溝水竹書紀年梁惠成王十六年秦公孫壯伐鄭圍焦城不剋即此城也俗謂之驛城非也役水自陽丘亭東流逕山氏城北爲高榆淵竹書紀年梁惠成王十六年秦公孫壯率師城上枳安陵山氏者也又東北爲酢溝又東北魯溝水出焉役水又東北埿溝水出焉又東北爲八丈溝又東清水枝

津注之水自沆城東派注于役水又東逕曹公壘南東與沬水合山海經云沬水所出北流注于役今是水出中牟城西南疑卽沬水也東北流逕中牟縣故城昔趙獻侯自耿都此班固云趙自邯鄲徙焉趙襄子時佛肸以中牟叛置鼎於庭不與己者烹之田英將褰裳赴鼎處也薛瓚注漢書云中牟在春秋之時是爲鄭之堰也及三卿分晉則在魏之邦土趙自漳北不及此也春秋傳曰衛侯如晉過中牟非衛適晉之次也汲郡古文曰齊師伐趙東鄙圍中牟此中牟不在趙之東也按中牟當在漯水之上矣按春秋齊伐晉夷儀晉車千乘在中牟衛侯過中牟中牟人欲伐之衛褚師圃亡在

中牟曰衛雖小其君在未可勝也齊師克城而驕遇之必敗乃敗齊師服虔不列中牟所在杜預曰今滎陽有中牟迴遠疑爲非也然地理參差土無常域隨其強弱自相吞幷疆理𤰞移寧可一也兵車所指逕紆難知自魏徙大梁趙以中牟易魏故趙之南界極于浮水匪直專漳也趙自西取後止中牟齊師伐其東鄙於宜無嫌而瓚逕漯水空言中牟所在非論證也漢高帝十一年封單父聖爲侯國沬水又東北注于役水昔魏太祖之背董卓也間行出中牟爲亭長所錄郭長公世語爲縣所拘功曹請釋焉役水又東北逕中牟澤卽鄭大叔攻萑蒲之盜於是澤也其水東流北屈注渠之征

續記所謂自漿魁城到酢溝十里者渠水又東流
而左會淵流其水上承聖女陂陂周二百餘步水
無耗竭湛然清滿而南流注于渠渠水又東南而
注大梁也

又東至浚儀縣

水東南逕西赤城北戴延之所謂西北有大梁亭
非也竹書紀年梁惠成王二十八年穰疽率師及
鄭孔夜戰于梁赫鄭師敗逋卽此城也左則故瀆
出焉秦始皇二十年王賁斷故渠引水東南出以
灌大梁謂之梁溝又東逕大梁城南本春秋之陽
武高陽鄉也於戰國爲大梁周梁伯之居之梁伯
好土功大其城號曰新里民疲而潰秦遂取焉後

魏惠王自安邑徙都之故曰梁耳竹書紀年梁惠
成王六年四月甲寅徙邦于大梁是也秦滅魏以
爲縣漢文帝封孝王於梁孝王以土地下濕東都
睢陽又改曰梁自是置縣以大梁城廣居其東城
夷門之東夷門卽侯嬴抱關處也續述征記曰以
此城爲師曠城言郭緣生曾遊此邑踐夷門升吹
臺終古之跡緬焉盡在余謂此乃梁氏之臺門魏
惠之卽居非吹臺也當是誤證耳西征記論儀封
人卽此縣又非也竹書紀年梁惠成王三十一年
三月爲大溝於此郛以行圃田之水陳留風俗傳
曰縣北有浚水像而儀之故曰漢儀余謂故汴渉
陰溝矣浚之故曰治其猶春秋之浚洙漢氏之儀

水又東北逕中牟縣南又東北逕中牟澤與淵水合水出中牟縣城北城有層臺按郭公世語及干寶晉紀並言中牟縣故魏任城王臺下池中有漢時鐵錐長六尺入地三尺頭西南指不可動止月朔自正以爲晉氏中興之瑞而今不知所在或言在中陽城池臺未知焉是淵水自池西出屈逕其城西而東南流注于汜汜水又東逕大梁亭南又東逕梁臺南東注渠渠水又東南流逕開封縣睢渙二水出焉右則新溝注之其水出逢池池上承役水于苑陵縣別爲魯溝水東南流逕開封縣故城北漢高帝十一年封劉舍爲侯國也陳留志稱阮簡字茂弘爲開封令縣側有劫賊外白甚急數

阮方圍棊長嘯吏云劫急阮曰局上有劫亦甚急其躭樂如是故語林曰王中郎以圍棊爲坐隱或亦謂之爲手談又謂之爲棊聖魯溝南際富城東南入百尺陂即古之逢澤也徐廣史記音義云秦孝公會諸侯于逢澤陂汲郡墓竹書紀年作逢澤斯其處也故應德璉西征賦曰鸞衡東指弭節逢澤其水東北流爲新溝新溝又東北流逕牛首鄉北謂之牛建城又東北注梁即沙水也音蔡許慎正作沙音言水散石也從水少水少沙見矣楚東有沙水謂此水也無佗也皆變名矣其國多池沼時池中出神劍到今其民像而作之號大梁氏之劍也渠又北屈分爲二水續述征記曰汴沙到浚

儀而分也汴東注沙南流其水更南流逕梁王吹臺東陳留風俗傳曰縣有倉頡師曠城上有列仙之吹臺北有牧澤中出蘭蒲上多儁髦今帶牧澤方一十五里俗謂之蒲關澤卽謂此矣梁王層築以爲吹臺城隍夷滅略存故跡今層臺孤立於牧澤之右矣其臺方一百許步卽阮嗣宗詠懷詩所謂駕言發魏都南向望吹臺簫管有遺音梁王安在哉晉世喪亂乞活憑居削墮故基遂成二層上基猶方四五十步高一丈餘世謂之乞活臺又謂之婆臺城梁水於此有陰溝洪溝之稱焉項羽與漢高分王指是水以爲東西之別故蘇秦說魏襄王曰太王之地南有鴻溝是也故尉氏縣有波鄉

亭波亭鴻溝鄉鴻溝亭皆藉水以立稱也今簫縣西亦有鴻溝亭梁國睢陽縣東有鴻口亭先後談者亦指此以爲楚漢之分王非也蓋春秋之所謂紅澤者矣渠右與氾水口其上承役水於苑陵縣縣故鄭都也王莽之左亭縣也役水枝津東派爲氾水者也而世俗謂之氾溝水也春秋左傳僖公三十年晉侯秦伯圍鄭晉軍函陵秦軍氾南所謂東氾者也

又屈南至扶溝縣北

沙水又東南逕牛首鄉東南魯渠水出焉亦謂之宋溝也又逕陳留縣故城南孟康曰留鄭邑也後爲陳幷故曰陳留矣魯溝又東南逕圉縣故城北

縣苦楚難修其干戈以圉其患故曰圉也或曰邊
陲之號矣歷萬人散王莽之篡也東郡太守翟義
興兵討莽莽遣奮威將軍孫建擊之於圉此義師
大敗尸積萬數血流溢道號其處爲萬人散百姓
哀而祠之又歷魯溝亭又東南至陽夏縣故城西
漢高祖六年封陳豨爲侯國魯溝又南入渦今無
水也沙水又東南逕牛城西左傳襄公三十年子
産殯伯有尸其臣葬之於是城也沙水又東南逕
牛首亭東左傳桓公十四年宋人與諸侯伐鄭東
郊取牛首者也俗謂之車牛城矣沙水又東南八
里溝出焉又東南逕陳留縣裘氏鄉裘氏亭西又
逕澹臺子羽冢東與八里溝合按陳留風俗傳曰

陳留縣裘氏鄉有澹臺子羽冢又有子羽祠祈禱
焉京相璠曰今泰山南武城縣有澹臺子羽冢縣
人也未知孰是因其方誌所敘就記纒絡焉溝水
上承沙河而西南流逕牛首亭南與百尺陂水合
其水自波南逕開封城東三里岡左屈而西流南
轉注八里溝又南得野兎水口水上承西南兎氏
亭北野兎陂鄭地也春秋傳云鄭伯勞屈生于兎
氏也陂水東北入八里溝八里溝水又南逕右倉
城西又南逕兎氏亭東又南逕邵亭西東入沙水
沙水南逕扶溝縣故城東縣即潁川之穀平鄉也
有扶亭又有洧水溝故縣有扶溝之名焉建武元
年漢光武封平狄將軍朱鮪爲侯國沙水又東與

康溝水合水首受洧水於長社縣東東北逕向岡
西即鄭之向鄉也後人遏其上口今水盛則北注
水耗則輟流又有長明溝水注之水出苑陵縣故
城西北縣有二城此則西城也二城以東悉多陂
澤即古制澤也京相璠曰鄭地杜預曰澤即滎陽
苑陵縣東即春秋之制田也故城西北平地出泉
謂之龍淵泉淵水流逕陵丘亭西又西重泉水注
之水出西城北平地泉湧南流逕陵丘亭西西南
注龍淵水龍淵水又東南逕九陽亭西而南入白
鴈陂陂在長社東北東西七里南北十里在林鄉
之西南司馬彪郡國志曰苑陵有林鄉亭白鴈陂
又引瀆南流謂之長明溝東轉北屈又東逕向城

北城側向岡左傳襄公十一年諸侯伐鄭師于向
者也又東古迤爲染二陂而東注于蔡澤陂長明
溝又東逕尉氏縣故城南圈稱云尉氏鄭國之東
鄙弊獄官名也鄭大夫尉氏之邑故欒盈曰盈將
歸死于尉氏也溝瀆自是三分北分爲康溝東逕
平陸縣故城北高后元年封楚元王子禮爲侯國
建武元年以戶不滿三千罷爲尉氏縣之陵封鄉
又有陵封亭漢建安中封尚書荀攸爲陵封鄉侯
故陳留風俗傳曰陵封鄉故平陸縣也北有天澤
名曰長樂廄康溝又東逕城溝縣之白亭北陳留
風俗傳曰扶溝縣有帛鄉帛亭名在七鄉十二亭
中康溝又東逕少曲亭陳留風俗傳曰尉氏縣有

少世亭俗謂之爲小城也又東南逕扶溝縣故城東而東南注沙水沙水又南會南水其水南流又分爲二水一水南合關亭東又東南流與左水合其水自枝瀆南逕召陵亭西疑即扶溝之亭也而東南合石水世以是水與隱陵陂水雙導亦謂之雙溝又東南入沙水沙水南與蔡澤陂水合水出隱陵城西北春秋成公十六年晉楚相遇于鄢陵呂錡射中共王目王召養由基使射殺之亦子反醉酒自斃處也陂東西五里南北十里陂水東逕匡城北城在新汲縣之東北即扶溝縣之巨亭也亭在匡城鄉春秋文公元年諸侯朝晉衛成公不朝使孔達侵鄭伐緜訾及匡即此邑也今陳留長

垣縣南有匡城即平丘之匡亭也襄邑又有承匡城然匡居陳衛之間亦往往有異邑矣陂水又東南至扶洛城北又東南入沙水沙水又南逕小扶城西而流也城即扶溝縣之平周亭東漢順帝永平中封陳敬王孫子恭爲侯國沙水又東南逕大扶城西城即扶鄉故縣也城北二里有袁梁碑云梁陳扶樂人後漢世祖建武十七年更封劉隆爲扶樂侯即此城也渦水於是分焉不得在扶溝北便分爲二水也

其一者東南過陳縣也

沙水又東南逕東華城西又東西沙水枝瀆西南達洧謂之甲更溝今無水沙水又南與廣漕渠合

上承龐官陂云鄧艾所開也雖水流廢興溝瀆尚
夥昔賈逵爲魏豫州刺史通運渠二百里餘亦所
謂賈侯渠也而川渠逕復交錯畛陌無以辨之决
水又東逕長平縣故城北又東南逕陳城北故陳
國也伏羲神農並都之城東北三十許里猶有羲
神實中舜後嬀滿爲周陶正城王賴其器用妻以
元女太姬而封諸陳以備三恪太姬好祭祀故詩
所謂坎其擊鼓宛丘之下也宛丘在陳城南道東
王隱云漸欲平今不知所在矣楚討陳殺夏徵舒
於栗門以爲夏州後成之東門內有池池水東西
七十步南北八十許步水至清潔而不耗竭不生
魚草水中有故臺處詩所謂東門之池也城內有

漢相王君造四縣邸碑文字剥缺不可悉識其略
曰唯茲陳國故曰淮陽郡云云王清惠著聞爲百
姓畏愛求賢養士千有餘人賜與田宅吏舍自損
奉錢助之成邸五官掾西華陳騏等二百五人以
延熹二年云云故其頌曰修德立功四縣回附今
碑之左右遺墉尚存基礎猶在時人不復尋其碑
證去孔子廟學非也後楚襄王爲秦所滅徙都於
此文穎曰西楚矣三楚斯其一焉城南郭裏又有
一城名曰淮陽城子産所置也漢高帝十一年以
爲淮陽國王莽更名新平縣曰陵陳故豫州治王
隱晉書地道記云城北有故沙名之爲死沙而今
水流津通漕運所由矣沙水又東而南屈逕陳城

東謂之百尺溝又南分於二水沙水出焉溝水東南流谷水注之水源上承澇陂陂在陳城西北南歷華城皆爲陂矣陂水東流謂之谷水東逕澇城北王隱曰犖北有谷水是也犖卽𣗳矣經書公會齊宋于𣗳者也杜預曰𣗳卽犖也在陳縣西北爲非𣗳小城也在陳郡西南谷水又東流逕陳城南又東流入于沙沙水又東南流注于潁謂之交口水次有大堰卽古百尺堰也魏書國志曰司馬宣王討太尉王淩大軍至百尺堨卽此堨也今俗呼之爲山陽堰非也蓋新水首受潁於百尺溝王莽名郡爲新平故堰兼有新陽之名也以是推之悟故俗謂之非也

又東南至汝南新陽縣北

沙水自百尺溝東逕寧平縣之故城南晉陽秋稱晉太傅東海王越之東奔也石勒追之焚尸於此數十萬衆斂手受害勒縱騎圍射尸積如山王夷甫死焉余謂俊者所以智勝羣情辨者所以文身祛惑夷甫雖體荷儁令口擅雌黃汙辱君親獲罪羯勒史官方之舉正諒爲褒矣沙水又東積而爲陂謂之陽都陂明水注之水上承沙水之津東出逕汝南郡之宜祿縣故城北王莽之賞都亭也明水又東流北注于陂陂水東南流謂之細水又東逕之陽縣北又東高被水東出焉沙水又東分爲二里卽春秋所謂長濮之水也枝津北逕譙縣故城南

側城入渦沙水東南逕城父縣西南枝津出焉俗
謂之章水也一水東注卽注水也俗謂之欠水也
東逕城父縣之故城南東流注之
又東南過山桑縣北
山桑故城在渦水北沙水不得逕其北明矣經言
過北誤也
又東南過龍亢縣南
沙水故城北又東南逕白鹿城北而東注也
又東南過義城縣西南入于淮
義城縣故屬沛後隸九江沙水東流注于淮謂水
沙汭京相璠曰楚東地也春秋左傳昭公二十七
年楚令尹子常以舟師及沙汭而還杜預曰沙水
名也

水經卷第二十二

年封侍中槃瑱爲侯國即廣鄉也過水又東逕苦
縣西南分爲二水枝流注于東北賴城入谷謂死
過也過水又南東屈逕苦縣故城南郡國志曰春
秋之相也王莽更名之曰賴陵矣城之四門列築
馳道東起賴鄉南自南門越水直指故臺西面南
門列道逕趣廣鄉道西門馳道西屆武平北門馳
道暨于北臺過水又東而北屈至賴鄉谷水注之
谷水首受渙水於襄邑縣東東逕承匡城東春秋
經書夏叔彭生會晉郤缺于承匡左傳曰謀諸侯
之從楚也京相璠曰今陳留襄邑西三十里有故
承匡城谷水又東南逕巳吾縣故城西陳留風俗
傳曰縣故宋也雜以陳楚之地故梁國寧陵縣之

徙種龍鄉也以成哀之世戸至八九千冠帶之徙
求置縣矣永元十一年陳王削地以大棘鄉直陽
鄉十二年自隱隸之命以嘉名曰巳吾猶有陳楚
之俗焉谷水又東逕柘縣故城東地理志淮陽之
屬縣也城內有柘令許君清德頌石碎字紊唯此
文見碑城西南里許有漢陽種令許叔臺碑光和
中立又有漢故樂成陵令太尉掾許嬰碑嬰字虞
卿司隸校尉之子大建寧年立餘碑文字碎滅不
復可觀當似司隸諸碑也谷水又東逕苦縣故城
中水泛則四周隍塹耗則孤津獨逝谷水又東逕
賴城鄉南其城實中東北隅有臺偏高俗以是臺
在谷水其城又謂之谷陽臺非也谷水自此東入

北悉諸袁舊墓碑字傾低羊虎碎折唯司徒滂蜀郡太守騰博平令光碑字所存唯此自餘殆不可尋過又東南逕陽夏縣西又東逕邈城北城實中而西有瑑郭過水又東逕大棘城南故鄭之大棘鄉也春秋宣公二年宋華元與鄭公子歸生戰于大棘獲華元左傳曰華元殺羊食士其御羊斟不與及戰曰疇昔之羊子爲政今日之事我爲政遂御入鄭故見獲焉後其地爲楚莊所并故圈稱曰大棘也地有楚太子建之墳及五員釣臺池沼具存過水又東逕安平縣故城北陳留風俗傳曰大棘鄉故安平縣也士人敦慤易以統御過水又東逕鹿邑城北世謂之虎鄉城非也春秋之鳴鹿矣

杜預曰陳國武平西南有鹿邑亭是也城南十里有晉中散大夫胡均碑元康八年立過水之北有漢溫令許續碑續字嗣公陳國人也舉賢良拜議郎遷溫令延熹中立過水又東逕武平縣故城城之西南七里許有漢尚書令虞詡碑碑題云虞君之碑諱詡字定安康仲後爲朝歌令武都太守文字多缺不復可尋按范曄漢書詡字升卿陳國武平人祖爲縣獄吏治存寬恕嘗曰于公爲里門子爲丞相吾雖不及于公子孫不必不爲九卿故字詡曰升卿定安蓋其幼字也魏武王初封於此終以武平華夏矣過水又東逕廣鄉城北圈稱曰襄邑有蛇丘亭故鄉矣改曰廣世後漢順帝陽嘉四

水經卷第二十三

漢桑欽撰　後魏酈道元注

陰溝水　汳水

陰溝水出河南陽武縣蒗蕩渠

陰溝首受於大河卷縣故瀆東南逕卷縣故城南又東逕蒙城北史記秦莊襄王元年蒙驁擊取成皐滎陽初置三川郡疑卽驁所築也於是未詳故瀆東分爲二世謂之陰溝京相璠以爲出河之濟又非所究俱東絶濟隧右瀆東西逕陽池城北東南絶長城逕安亭北又東北會左瀆左瀆又東絶長城逕垣雍城南昔晉文公戰勝于楚周襄王勞之於此故春秋書甲午至于衡雍作王宮於踐土

呂氏春秋曰尊天子於衡雍者也郡國志曰卷縣有垣雍城卽史記所記韓獻秦桓公是也又東逕開光亭南又東逕清陽亭南又東合右瀆又東南逕封丘縣絶濟瀆東南至大梁合蒗蕩渠梁溝旣門蒗蕩渠故瀆實兼陰溝浚儀之稱故云出武陽逕大梁城北左屈溝與梁合俱東南流同受鴻溝也故目其川流之會左瀆東導者卽汳水也蓋津源之變名矣故經云陰溝出蒗蕩者也

東南至沛爲濄水

陰溝始亂蒗蕩終别於沙而濄水出焉濄水受沙於扶溝縣爾雅曰濄爲洵郭景純曰大水溢爲小水也呂忱曰洵濄水也濄水逕大扶城西城之東

濄水過水又北逕老子廟東廟前有二碑在南門外漢桓帝尼宫管霸祠老子命陳相邊韶碑北有雙石闕甚整頓石闕南側魏文帝黄初三年逕譙所勒闕北東側有孔子廟廟前有一碑西面是陳相魯國孔疇建和三年立北則老君廟廟東院中有九井焉又北濄水之側又有李老母廟廟在老子廟北廟前有李母冢冢東有碑是永興元年譙令長沙王阜所立碑云老子生於曲濄間許愼又云濄水首受淮陽扶溝縣蒗蕩渠不得至沛方爲濄水也濄水又屈東逕相縣故城南其城卑小實中邊韶老子碑又云老子楚相縣人也相縣虛荒今屬苦故城猶存在賴鄉之東濄水處其陽

然即此城也自是無郭以應之濄水又東逕譙縣故城北春秋左傳僖公二十二年楚成得臣帥師伐陳遂取譙城頓而還是也王莽之延成亭也魏立譙郡沇州治沙水自南枝分北逕譙城西而北注濄濄水四周城側城南有曹嵩冢冢北有碑碑北有廟堂餘基尚存柱礎仍在廟北有二石闕雙峙高一丈六尺榱櫨及柱皆雕鏤雲矩上罦罳已碎闕北有圭碑題云漢故中常侍長樂太僕特進費亭侯曹君之碑延熹三年立碑陰又刊石策二碑文同夾碑東西列對兩石馬高八尺五寸石作粗拙不匹光武隧道所表象馬也騰兄冢冢東有碑題云漢故潁川太守曹君墓延熹九年卒而不

刋樹碑歲月墳北有其元子熾冢冢東有碑題云
漢故長水校尉曹君之碑歷太中大夫司馬長史
引侍中遷長水年三十九卒熹平六年造熾弟胤
冢冢東有碑題云漢謁者曹君之碑熹平六十立
城東有曹太祖舊宅所在負郭對廛側隍臨水魏
書曰太祖作議郎告疾歸鄉里築室城外習讀書
傳秋冬射獵以自娛樂文帝以漢中平四年生於
此上有青雲如車蓋終日乃解即是處也後文帝
以延康元年幸樵大饗父老立壇於故宅壇前樹
碑碑題云大饗之碑碑之東北過水南有譙定王
司馬士會冢冢前有碑晉永嘉三年立碑南二百
許步有兩石柱高丈餘半下爲束竹交文作制乃

士石脇云晉故使持節散騎常侍都督楊州江州
諸軍事安東大將軍譙定王河内温公司馬墓之
神道過水又東逕朱龜墓北東南流冢南流冢南
桄道有碑碑題云漢故幽州刺史朱君之碑龜字
汨靈光和六年卒官故吏別駕從事史石北平無
終年化中平二年造碑陰刋故吏姓名悉薊涿及
上谷北平等人過水東南逕層丘北丘阜獨秀巍
然介立故壁壘所在也過水又東南逕城父縣故
城沙水枝分注之水上承沙水於思善縣世謂之
漳水故有漳頭之名也東北流逕城父故城西側
城東北流入于過過水又東逕下父城北郡國志
曰山桑縣有下父聚者也過水又屈逕其聚東郎

山西又東南屈逕郎山南山東有垂惠聚世謂之
禮成表崧郡國志曰山桑縣有垂惠聚即此城也
過水又東南逕過陽城北臨側過水魏太和爲州
治以蓋表爲刺史後罷州立碑矜帶遏戍過水又
東南逕龍亢縣故城南漢建武十三年世祖封傅
昌爲侯國故語曰沛國龍亢至山桑者也過又屈
而南流出石梁梁石崩褫夾岍積石高二丈水歷
其間又東南流逕荆山而東流注也
又東南至下邳淮陵縣入于淮
過水又東左合北肥水肥水出山桑縣西北澤藪
東南流左右翼佩數源異出同歸蓋微脉消注耳
東南流逕山桑邑南俗謂之北平城昔文欽之封
山桑侯疑食邑於此城東南有一碑碑文悉破無
驗唯碑背故吏姓名尚存熹平元年義北門生沛
國蕭劉定輿立北肥水又東逕山桑縣故城南俗
謂之都亭城非也今城內東側猶有山亭桀立陵
阜高峻非洪臺所擬十三州志所謂山生於邑其
庭有桑因以氏縣者也郭城東有文穆碑塚三世
二千石穆郡戶曹史徵試博士太常丞以明氣候
擢拜侍中右中郎將遷九江彭城陳留四部光和
中卒故吏涿郡太守彭城呂虔等立北肥水又東
積而爲陂謂之瑕陂陂水又東南逕瑕城南春秋
左傳成公十六年楚師還及瑕即此城也故京相
璠曰瑕楚地北肥又東南逕向縣故城南地理志

曰故向國也世本曰許州向申姜姓也炎帝後京相璠曰向沛國縣今并屬譙國龍亢也杜預曰龍亢縣東有向城漢世祖建武十三年更封富波侯王霸爲侯國卽此城也俗謂之圓城非又東南逕義城南世謂之楮城非又東入于過過水又東注淮經言下邳淮陵入淮誤矣

汳水出陰溝于浚儀縣北

陰溝卽蒗蕩渠也亦言汳受旃然水又云丹泌亂流於武德絶河南入滎陽合汳故汳兼丹水之稱河沛水新汳承旃然而東自王賁灌大梁水出縣南而不逕其北夏水洪泛則是瀆津通故渠卽陰溝也於大梁北又曰浚水矣故圈稱著陳留風俗

傳曰浚水逕其北者也又東汳水出焉故經云汳出陰溝於浚儀縣北也汳水東逕倉垣城南卽大梁縣之倉垣亭也城臨汳水陳留相畢邈治此征東將軍苟晞之西也邈走歸京晞使司馬東萊王讚代據倉垣斷留運漕汳水又東逕陳留縣之鉼鄉亭北陳留風俗傳所謂縣有鉼鄉亭卽斯亭也汳水又逕小黃縣故城南神仙傳稱靈壽光扶風人死於江陵胡罔家罔殯埋之後百餘日人有見光於此縣寄書於罔罔發視之唯有履存汳水又東逕鳴鴈亭南春秋左傳成公十六年衛侯伐鄭至于鳴鴈者也杜預釋地云在雍丘縣西北今俗人尚謂之爲白鴈亭汳水又東逕雍丘縣故城北

逕陽樂城南西征記曰城在汳北一里周五里雍
丘縣界汳水又東有故渠出焉南通睢水謂之董
生決或言董氏作亂引水南睢水故斯水受名焉
今無水汳水又東枝津出焉俗名之爲洛架口西
征記曰洛架水名也續述征記曰在董生決下二
里汳水又逕外黄縣南又東逕莠倉城北續述征
記曰莠倉城去大游墓二十里又東逕大齊城南
陳留風俗傳曰外黄縣有大齊亭又東逕科城北
陳留風俗傳曰縣有科禀亭是則料禀亭也汳水
又東逕小齊城南汳水又南逕利望亭南風俗傳
曰故曰成安也地理志曰陳留舊名漢武帝以封
韓延年爲侯國汳水又東龍門故瀆出焉瀆舊通

睢水故西征記曰龍門水名也門北有土臺高三
丈餘上方數十步汳水又東逕濟陽考城縣故城
南爲甾獲渠考成縣周之采邑也於春秋爲戴國
矣左傳莊公十年秋宋衛蔡伐戴是也漢高帝十
一年秋封彭祖爲侯國陳留風俗傳曰秦之穀縣
也後遭漢兵起邑多災年故改曰甾縣王莽更名
嘉漢章帝東巡過縣詔曰陳甾縣其名不善高祖
鄗柏人之邑世宗休聞喜而顯獲嘉應亨吉元符
嘉皇靈之故賜越有先列考武王其改甾縣曰考
城是瀆蓋因縣以獲名矣汳水又東逕寧陵縣之
沙陽亭北故沙隨國矣春秋左傳成公十六年秋
會于沙隨謀伐鄭也杜預釋地曰在梁國寧陵縣

北沙陽亭是也世以爲堂城非也汳水又東逕黄蒿塢北續述征記曰堂城至黄蒿二十里汳水又東逕斜城下續述征記曰黄蒿到斜城五里陳留風俗傳曰考城縣有斜亭汳水東逕周塢側續述征記曰斜城東三里晉義熈中劉公遣周超之自彭城緣汳故溝斬尌穿道七百餘里以開水路停薄於此故兹塢流稱矣汳水又東逕葛城北故葛伯之國也孟子曰葛伯不祀湯問曰何爲不祀稱無以供祠祭降葛伯葛伯又不祀湯又問之曰無以供犧牲湯又遺之又不祀湯又問之曰無以供粢盛湯使亳衆往爲之耕老弱饋食葛伯又率民奪之不授者則殺之湯乃伐葛葛於六國屬魏魏

襄王以封公子無忌號信陵君其地葛鄉卽是城也在寧陵縣西十里汳水又東逕神坑塢又東逕夏侯長塢續述征記曰夏侯塢至周塢各相距五里汳水又東逕梁國睢陽縣故城北而東歷襄鄉塢南續述征記曰西去夏侯塢二十里東一里卽襄鄉浮圖也汳水逕其南漢熹平君所立死因葬之弟刻石尌碑以進厥德遂前有師子天鹿累博作百達柱八所荒蕪頽毀凋落略盡矣

又東至梁郡蒙縣爲濉水餘波南入淮陽城中

汳水又東逕貫城南俗謂之薄城非也闞駰十三州志以爲貫城也在蒙縣西北春秋僖公二年齊侯宋公江黄盟于貫杜預以爲貫也云貫貫字相

似貫在齊謂貫澤也是以非此也今於此地更無
他城在蒙西北唯是邑耳考文准地貫邑明矣非
亳可知汳水又東逕違縣故城北俗謂之小蒙城
也西征記城在汳水南十五六里即莊周之本邑
也爲蒙之漆園吏郭景純所謂漆國有傲吏者也
悼惠施之没杜門於此邑矣汳水自縣南出今無
復有水唯睢陽城南側有小水南流入于睢城南
二里有漢太傅掾橋載墓碑載字元賓梁國睢陽
人也睢陽公子熹平五年立城東百步有石室刊
石漢鴻臚橋仁祀城北五里有石虎石柱而無碑
誌不知建也汳水又東逕大蒙城北自古不聞有
二蒙疑即蒙亳也所謂景薄爲北亳矣椒舉云商

湯有景亳之命者也闞駰曰湯都也亳本帝嚳之
墟在禹貢豫州河洛之間今河南偃師城西二十
里尸鄉亭是也皇甫謐以爲考之事實學者失之
如孟子之言湯居亳與葛爲鄰是即亳與葛比也
湯地七十里葛又伯耳封域有限而寧陵去偃師
八百里不得童子饋餉而爲之耕今梁國自有二
亳南亳在穀熟北亳在蒙非偃師也古文仲虺之
誥曰葛伯仇餉征自葛始即孟子之言是也崔駰
曰湯冢在濟陰薄縣北皇覽曰薄城北郭東三里
平地有湯冢冢四方方各十步高七尺上平也漢
哀帝建平元年大司空史郤長卿按行水災因行
湯冢在漢屬扶風今徵之迴渠亭有湯地徵陌是

漢書地理志曰獲水也十三州志曰首受留獲渠亦兼丹水之稱也竹書紀年曰宋殺其大夫皇瑗于丹水之上又曰宋大水丹水壅不流蓋汳水之變名也獲水自蒙東山水南有漢故繹幕令匡碑匡字公輔魯府君之少子也碑字碎落不可尋識竟不知所立歲月也獲水又東逕長樂固北巳氏縣南東南流逕于蒙澤十三州志曰蒙澤在縣東春秋莊公十二年宋萬與公諍博殺閔公於斯澤矣汳水又東逕虞縣故城北古虞國也昔夏少康逃奔有虞爲之庖正虞思於是妻之以二姚者也王莽之陳定亭也城東有漢司徒公盛允字伯世梁國虞人也其先奭氏至漢中葉避孝元皇帝諱改姓曰盛世濟其美以迄于公察孝廉除郎累遷司空司徒延熹中立墓中有石廟廟宇傾頹基構有尋獲水又東南逕空桐澤北澤在虞城東南春秋哀公二十六年冬公遊于空澤辛巳卒于連中大尹左師興空澤之士千甲奉公自空桐入如沃宮者矣獲水又逕龍譙國又東合黃水口上承黃陂下注獲水獲水又東入櫟林世謂之九里祚獲水又東南逕下邑縣故城北楚考烈王滅魯頃公亡遷下邑又楚漢彭城之戰呂后弟周軍於下邑高祖敗還從周軍子房肇指地之策收垓下之師戰陸機所謂卽下邑者也王莽更名下治矣獲水又東逕碭山縣故城北應劭曰縣有碭山山在東

出文石泰立碭郡蓋取山之名也王莽之節碭縣也山有梁孝王墓其冢斬山作郭穿石爲藏行一里到藏中有數尺水水有大鯉魚黎萌謂藏有神不敢犯之凡到藏皆潔齋而進不齋者至藏輒有獸噬其足獸難得見見者云佀狗所未詳也山上有梁孝王祠獲水又東穀水注之上承陽陂陂中有香城城在四水之中承諸陂散流謂零水溱水清水也積而成潭謂之碭水趙人有琴高者以善鼓琴爲康王舍人行彭涓之術遊浮碭郡間二百餘年後入碭水中取龍子與弟子期曰皆潔齋待於水傍設屋祠果乘赤鯉魚出入坐祠中碭中有千萬人觀之留月餘復入水也破水東注謂之穀

水東逕安山北卽碭北山也山有陳勝墓秦亂首兵伐秦弗終厥謀死葬於碭謚曰隱王也穀水又東北注于獲水獲水又東歷藍由鄉郭又東逕梁國杼秋縣故城南王莽之予秋也獲水又東歷洪溝東注之水南北各一溝溝首對獲世謂之洪溝非也春秋昭公八年秋蒐于紅杜預曰沛國蕭縣西有紅亭卽地理志之虹縣高后三年封楚王元子富爲侯國王莽之所謂貢矣蓋溝名是同非楚漢所分也

又東過蕭縣南

獲水北流注之蕭縣南對山世謂之蕭城南山也戴延之謂之同孝山云取漢陽城侯劉德所居里

名目山也劉澄之云縣南有冒山未詳孰是也山
有箕谷水北流注獲世謂之西流水言水上承
梧桐陂陂水西流因以爲名也余嘗逕蕭邑城右
唯是水北注獲水更無別疑卽經所謂睢水也城
東西及南三面臨側獲水故沛郡治縣亦同居矣
城南舊有石橋處耗積石爲梁高二丈今荒毀殆
盡亦不具誰所造也縣本蕭叔國宋附庸楚滅之
春秋宣公十二年楚伐蕭蕭潰申公巫臣曰師人
多寒王巡三軍拊而勉之三軍之士皆同挾纊蓋
恩使之然矣蕭女娉齊爲頃公之母郤克所謂蕭
同叔子也獲水又東歷龍城不知誰所創築也獲
水又東逕同孝山北山陰有楚元王冢上圓下方

累石爲之高十餘丈廣百許步經十餘墳悉結石
也獲水又東淨淨溝水注之水上結梧桐陂西北
流卽劉中書澄之所謂白溝水也又北入于獲俗
名之曰淨淨溝也
又東至彭城縣北東入于泗
獲水自淨淨溝東逕阿育王寺北或言楚王英所
造非所詳也蓋遵育王之遺法因以名焉與安陂
水合水上承安陂餘波北逕育王寺側水上有梁
謂之玄注橋水傍有石墓宿經開發石作工奇殊
爲莊溝而不知誰冢疑卽澄之所謂凌冢也水北
流注于獲獲水又東逕彌黎城北劉澄之永初記
所謂城之西南有彌黎城者也獲水於彭城西南

迴而北流逕彭城城西北舊有楚大夫龔勝宅卽
楚老哭勝處也獲水又東轉逕城北而東注泗水
北三里有石冢被開傳言楚元王之孫劉向冢未
詳是否城卽殷大夫彭祖之國也於春秋爲宋地
楚伐宋弃之以封魚石崔子季珪述初賦曰想黃
公於邳圯勤魚石於彭城卽是縣也孟康曰舊名
江陵爲南楚陳爲東楚彭城爲西楚文穎曰彭城
故東楚也項羽都之謂之西楚漢祖定天下以爲楚
郡封弟交爲楚王都之宣帝地節元年更爲彭城
郡王
莽更之曰和樂郡也徐州治城內有漢司徒袁安
魏中郎徐庶等數碑並列植於街右咸曾爲楚相

也大城之內有金城東北小城劉公更開廣之皆
壘石高四丈列壍環之小城西又一城是大司馬
琅邪王所修因項羽故臺經始卽構宮觀門閣惟
新厥制義熙十二年霖雨驟澍汴水暴長城遂崩
壞冠軍將軍彭城劉公之子也登更築之悉以塼
壘宏壯堅峻樓櫓赫奕南北所無宋平北將軍徐
州刺史河東薛安都舉城歸魏魏遣博陵公尉苟
仁城陽公孔伯恭援之邑閣如初觀不異昔自後
毀撤一時俱盡問遺工雕鏤尚存龍雲逞勢奇爲
精妙矣城之東北角起層樓於其上號曰彭祖樓
地理志曰彭城縣故彭祖國也世本曰陸終之子
其三曰籛是爲彭祖彭祖城是也下曰彭祖冢彭

祖長年八百綿壽永世於此有冢蓋亦元極之化矣其樓之側汴帶泗東此爲二水之會也聳望川原極目清野斯爲佳處矣

水經卷第二十三